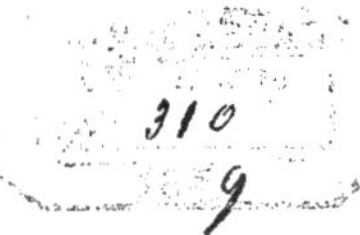

THÈSE

DE

LICENCE.

ACTE PUBLIC

POUR

LA LICENCE

En exécution de l'Article 4, Titre 2, de la Loi du 22 Ventôse an XII.

SOUTENU

Par **M. ARCANGEL** (Eriste),

Né à Bize (Aude).

TOULOUSE,

Typographie Troyes OUVRIERS REUNIS,
Rue Saint-Pantaléon, 3.

1859.

A LA MÉMOIRE DE MA MÈRE.

A TOUS CEUX QUI ME SONT CHERS.

Jus Romanum.

De præscriptionibus triginta vel quadraginta annorum.

(C. 7 , 39)

INST. JUST. De perpetuis et temporalibus actionibus.
(IV — 12.) Principium.

Usucapio est modus, jure civili constitutus, adquirendi dominium per continuationem possessionis temporis lege definiti.

Provincialia prædia usucapionem non recipiebant; Italica tantum prædia usucapione adquirebantur, nam in provinciis jus summum dominii populus romanus sibi reservaverat. Sed a juridictione Prætoris præscriptio longi temporis introducta est ; longè verò distabat ab usucapione, præscriptio enim tantum exceptionis ope valebat.

Quas diversitates inter Italica et provincialia prædia imperator Justi-

nianus sustulit, et in unam consonantiam usucapionem et præscriptionem accommodavit. Præterea, constitutione super hoc promulgata,
statuit ut qui usucapere vellet res mobiles per triennium, immobiles per
decem annos inter præsentes, per viginti inter absentes possideret, et
his modis, non solum in Italia, sed in omni Imperio, dominia rerum
adquirantur. Sic unum genus acquisitionis ex usucapione et longi temporis
præscriptione fecit, quo directum dominium omnium prædiorum pos-
sessori adquisitum fuit. Bono publico usucapio et præscriptio introductæ
sunt, ne scilicet quarumdam rerum diù, et ferè semper incerta dominia essent : cùm sufficeret dominis ad adquirendas res suas statuti temporis spatium. (Gaius lib. XLI, Tit. III De *usurp.* et *usucap.*).

Sed usucapio et præscriptio non dominium transferunt, nisi plurimæ
sint conditiones de quibus aliquid dicendum est.

Primùm necesse est ut qui vult usucapere *justè* possideat scilicet cum
bona fide; sed sufficit benè cæpta possessio; nam mala fides postea in-
terveniens usucapionem non impedit. Oportet deindè ut possessio *justam*
habeat *causam*, scilicet titulum ad dominium transferendum idoneum.
Denique res non debent esse *vitiosæ*, id est cum vi, vel furto possessæ.

Ideòque, quoties res est furtiva aut vi possessa, nec usucapi, nec
longo tempore præscribi potest. Verumenimverò ne immortalibus obs-
curisque litibus securitas possessionum cujusque turbetur, legibus novis
introducta fuit triginta vel quadraginta annorum præscriptio ad tuendum
eum qui possidebat adversus dominum qui hanc rem vindicaret. Ex hac
præscriptione non utilis in rem actio nascitur, nisi possessio fuerit ab
initio bonæ fidei, sed sola exceptio datur, quæ locum habet quoties
usucapio vel longi temporis præscriptio locum habere non potest. Mani-
festum est in istius generis præscriptione nec *justum* titulum, nec bo-
nam fidem requiri, sed tantum possessionem : quæ quidem possessio
iisdem modis *adjungi* et interrumpi potest quibus et usucapio; dum-
modò, sicut verum est in quâcumque præscriptione, nec clàm, nec vi,
nec precario exerceatur possessio. (C. h. t. 1, 2.).

Naturalis temporis computatio hìc adhibetur sicut in præscriptione omnium odiosarum causaruw. Idcirco sive de re acquirenda, sive de extinctione obligationis agatur, totus ultimus dies peragendus est. (L. 6. Dig *de oblig. et act.*).

Certissimi juris est spatium hoc triginta vel quadraginta annorum non incipere nisi ab eo tempore ex quo agi potuit. (L. 3. c. h. t.). Ergò si contractus sit conditionalis, vel in diem, non procedit usucapio ante eventum conditionis aut diei. Alioquin enim posset contingere ut præscriptione finiretur obligatio priusquam initium habuisset; quod est absurdum. (L. 7 h. t.).

Et nunc dicendum est de his quæ triginta annis extinguntur. Ab initio, generalis hæc regula poni potest, scilicet triginta annis extingui : 1º actiones quæ propter malam fidem, aut tituli defectum, aut propter rerum vitiosam indolem, præscriptionem longi temporis refugiunt; 2º actiones omnes pro quibus brevius aut longius temporis spatium non constitutum est, sive in rem sint speciales, ut rei vindicatio, sive de universitate ut hereditatis petitio, sive in personam, id est quæ ex contractibus descendunt. (L. 3. C. de *præscript.* 30 *vel.* 40 *am.*) Proinde triginta annorum silentio amittuntur, paucis exceptis, omnes actiones, illæ etiam quæ jure Pandectarum perpetuæ videbantur. (L. 3 *in fin.* h. t.)

Præterea huic præscriptioni subjiciuntur præcipuo : 1º res furtivæ, aut vi subreptæ, si modò possessæ sunt ab alio quàm fure aut eo qui invasit (L. 8. 22 1 et 2 C. h. t.); 2º res absentium reipublicæ causa, militum, mulierum, minorum (et consequenter furiosorum et prodigorum), vel durante minorennitate, solius pupilli re exclusâ (L. 3. C. h. t.); 3º res civitatum, fisci aut patrimonii principis.

Cæterùm actiones illæ quæ triginta annis non tolluntur, per annos quadraginta finem capiunt. Hujus generis primò est vindicatio in servitutem. Si quis quadraginta annis mala fide in possessione libertatis fuit, si in servitutem vindicatur rectè se præscriptione quadraginta annorum defendit. Deinde hujus generis est vindicatio fiscalis, quâ fiscus ea quæ habuit et amisit vindicat. Et etiam bona pupillorum et ecclesiarum ; actiones omnes semel ac deductæ sunt in judicio, per quadraginta annos durant , computandos ex quo tacuerunt litigatores (L. 9. C. h. t.). Actio hypothecaria quum pignus possideat debitor ipse , vel illius hæres. (L. 7. C. h. t.)

Quod si verò extraneus pignoris possessor sit longi temporis præscriptione creditorem repellet , dùm bona fide et justo titulo adeptus sit pignoris possessionem. (L. 1 et 2 C. *si adversus creditor*); alioquin si malæ fidei sola ei proderit triginta annorum præscriptio. (L. 7 C. h. t.).

De perpetuis et temporalibus actionibus.

Olim actiones quædam erant *perpetuæ ,* aliæ *temporales* Perpetuò competere solebant actiones quæ ex legibus, senatusconsultis aut principum constitutionibus proficiscebantur.

Perpetuæ ita dicebantur , quia nullo temporis spatio finiebantur. Sed postea ut litium aliquis esset finis, tandemque aliquando possessores et debitores securi forent, actiones perpetuæ certas ab imperatoribus fines acceperunt. Actiones triginta et ad summum quadraginta annorum præscriptione extinctæ fuerunt. In rem non minus quam in personam actiones, regulariter eodem temporis spatio, id est triginta annis , excluduntur.

Temporales actiones erant quæ ex jurisdictione prætoris descendebant ; anni spatio solebant finiri , sicut prætoris edictum. Nonnullæ tamen perpetuo competebant; quales sunt eæ quæ rei nostræ persequendæ causâ comparatæ sunt, nisi sint *rescisoriæ*, veluti *Pauliana* aut *quasi-publiciana*; hæ siquidem, quia dantur contra jus civile, annuæ erant.

Actiones pœnales prætoriæ tantum intra annum dantur. Excipiuntur quædam actiones, veluti furti manifesti actio, quæ quamvis et ipsius prætoris jurisdictione proficiscatur et pœnalis sit , perpetuo tamen datur et meritò, aït Gaius (Com. IV § 111), cùm pro capitali pœna pecuniaria constituta sit.

Quædam prætoriæ actiones in perpetuum extenduntur; quales sunt eæ quas bonorum possessoribus, cæterisque qui heredis loco sunt, accommodat prætor.

POSITIONES.

Quomodo præscribatur hypothecaria actio a primo creditore adversus posteriorem creditorem data? — Distinctio.

An jus luendi pignus præscribatur? — Non.

Quid de annuis præstationibus?

Code Napoléon.

De la dissolution de la communauté et de quelqnes-unes de ses suites.

(Art. 1441 , 1452 , 124 et 126 C. N.).

Des causes de dissolution de la communauté.

La communauté , société connexe au mariage , commence , dure et finit avec lui. Comment comprendre , en effet, que l'accessoire puisse subsister alors que le principal n'existe plus ? Toutes les fois donc que le mariage sera dissous , la communauté devra aussi forcément se dissoudre ; mais il peut arriver que le mariage ne soit pas rompu, et que la communauté soit brisée par des raisons qui , n'étant pas suffisantes pour porter atteinte au lien , ont assez de gravité pour séparer les époux d'intérêts. Ainsi , la communauté se dissout : 1o par la mort de l'un des époux ; 2o par la séparation de corps ; 3o par la séparation de biens (Art. 1441); 4o par l'annulation du mariage ; 5o elle peut encore se dissoudre par l'absence déclarée de l'un des époux.

Nous ne parlerons ici que de trois de ces causes diverses de dissolution.

§ 1er — *Dissolution de la communauté par la mort de l'un des époux.*

La mort dissout toutes les espèces de sociétés, *morte socii dissolvitur
societas*, et à plus forte raison la société conjugale ; car le mariage, en
vue duquel elle avait été formée, n'existe plus. A la dissolution d'une
société, il en faut connaître la consistance ; de là, l'obligation d'en faire
inventaire.

La sanction de cette obligation consistait, selon la coutume de Paris,
dans la faculté accordée aux enfants mineurs, de continuer la communauté avec le conjoint survivant. Quelques coutumes admettaient même
la continuation de la communauté au profit des enfants majeurs ; d'autres
l'admettaient au profit des collatéraux.

La continuation de la communauté avait beaucoup d'inconvénients et
faisait naître des difficultés très-épineuses ; car si le conjoint survivant se remariait, il s'établissait un conflit de communautés qui donnait
lieu à des difficultés inextricables.

Aussi a-t-elle été justement abrogée. Aujourd'hui, aux termes de
l'art. 1442, le défaut d'inventaire ne donne pas lieu à la continuation de
la communauté, mais l'époux survivant qui a négligé de le faire encourt
une double peine : 1o la preuve de la consistance des biens et effets
communs pourra être faite contre lui, tant par titres que par cette
preuve d'ordinaire si préjudiciable à celui contre lequel on l'emploie,
la commune renommée ; 2o s'il y a des enfants mineurs, il perd la jouissance légale de tous leurs revenus et non pas seulement celle de la por-
tion des biens qui leur revient dans la communauté. Il ne faut pas perdre de vue que la déchéance que la loi prononce a lieu de plein droit,
faute par l'époux d'avoir rempli l'obligation qui lui était imposée comme
condition de l'usufruit, créé en sa faveur par l'art. 384 C. Nap. Il devra
donc rendre compte comme un autre tuteur, et porter au chapitre des

charges tant le capital que les intérêts de tous les revenus , depuis l'époque de l'échéance de chacun d'eux , faute de les avoir placés.

Ce n'est pas tout : une responsabilité sévère s'étend sur le subrogé-tuteur. Chargé de surveiller le droit des mineurs , il doit tenir la main à ce que le survivant fasse inventaire ; s'il partage la négligence du survivant , il est solidairement passible de toutes les condamnations prononcées au profit des mineurs.

L'art. 1442 ne fixe pas de délai pour la confection de l'inventaire ; il ne désigne pas non plus les personnes en présence desquelles il doit être dressé. Il n'est pas moins constant que, pour être régulier et conserver au survivant la jouissance des revenus de ses enfants mineurs , cet inventaire doit être dressé en présence du subrogé-tuteur devant, notaire. Nul doute que cet acte ne doive être commencé dans les dix jours de la nomination du subrogé-tuteur. Nous ne pensons pas que le survivant puisse , par un inventaire tardif , recouvrer pour l'avenir la jouissance qu'il a perdue des revenus de ses enfants.

§ 2. — De la séparation de biens.

Pour quelles causes la séparation de biens peut-elle être prononcée?

La séparation de biens est un secours accordé à la femme pour la protéger contre les dangers auxquels peut l'exposer la mauvaise administration de son mari.

Toutes les fois que le désordre des affaires du mari donne lieu de craindre que les biens de celui-ci ne soient pas suffisants pour la remplir de ses droits et reprises, la femme a le droit de poursuivre en justice la séparation de biens. Ce n'est que dans une circonstance aussi grave que, dérogeant au principe de l'irrévocabilité des conventions matrimoniales , mais sans porter atteinte au mariage en lui-même, la loi permet de dissoudre entre les époux la société des biens. Au reste, il est bien évident que la loi n'entend parler que d'un péril postérieur au

mariage. Mais peu importe la nature de la cause qui le produit. Il n'y
a pas à distinguer si le péril de la dot est né de l'inconduite du mari ou
de malheurs par lui éprouvés,

La femme même qui, en se mariant, ne possédait aucuns biens ni
meubles, ni immeubles, pourrait demander la séparation, si elle avait
un talent, une industrie qui lui tînt lieu de dot, et dont le mari dis-
sipât les produits. Et n'eût-elle ni talent, ni industrie, elle le pourrait
encore ; car si elle n'a rien aujourd'hui, demain elle peut avoir ; des
successions peuvent lui échoir, des donations lui être faites, il est juste
qu'elle puisse prendre ses précautions pour l'avenir. Enfin la séparation
de biens doit être prononcée contre le mari qui, par ses dissipations,
se met hors d'état de pourvoir actuellement aux besoins de sa femme
et de ses enfants, encore que des espérances d'une fortune considérable
et des droits de nue propriété appartenant au mari semblent garantir la
dot de tous périls. (Arrêt du 9 décembre 1820, C. de Pau).

La saisie immobilière des biens du mari ne suffit pas pour établir la
présomption que la dot est en péril, et pour autoriser en conséquence
la séparation de biens. Cette saisie ne porte, en effet, aucune atteinte
à l'hypothèque légale de la femme.

Qui peut demander la séparation de biens.

La femme seule a le droit de demander la séparation de biens. C'est
par une dérogation à l'art. 1166, qu'il est impossible de justifier, que
cette faculté est interdite à ses créanciers. Cependant la loi ne les
abandonne pas complétement, elle vient à leur secours quand le mari
est en faillite ou en déconfiture. *Quant à eux*, la communauté est ré-
putée dissoute par l'un ou l'autre de ces deux événements. En conséquence, il leur est permis de faire valoir dans la faillite jusqu'à concurrence de ce qui leur est dû, tous les droits qui compéteraient à leur
débitrice si la communauté était réellement dissoute. Il est constant
néamoins que si le mari et les créanciers n'ont pas le droit de demander
la séparation de biens, ils peuvent contredire à cette demande.

Comment se fait la séparation de biens.

Conformément à ce principe qu'une fois le mariage célébré les époux ne peuvent changer leurs conventions matrimoniales, la séparation de biens ne pouvant être volontaire, il s'ensuit que la demande de la femme devra être portée devant les tribunaux. Pour cela il faudra que la femme obtienne d'abord, sur requête, l'autorisation du président. Cette permission suffit pour habiliter la femme mineure, et il n'est pas nécessaire que le juge lui nomme un curateur, si ce n'est dans le cas où elle veut toucher ses reprises immobilières.

Les séparations de biens intéressent au plus haut degré les tiers, il importe donc qu'ils en aient connaissauce. Aussi le législateur exige que la demande en séparation reçoive une grande publicité; et les moyens de l'obtenir consistent dans les affiches au tribunal et l'insertion dans les journaux d'un extrait de la demande. En outre, le jugement ne peut être rendu qu'un mois après la demande, afin que les créanciers intéressés à intervenir au procès aient le temps d'être avertis. Néanmoins, pendant ce délai, la femme peut faire tous actes conservatoires, car aux termes de l'art. 1445, le jugement qui prononce la séparation de biens remonte, quant à ses effets, au jour de la demande. Ainsi, après avoir obtenu permission du président qui ne devra l'accorder que quand il y aura un commencement de preuve, la femme pourra saisir-arrêter les sommes dues à son mari, faire apposer les scellés sur les effets de la communauté. Elle pourrait même saisir-arrêter les effets que celui-ci, avant la demande, aurait déjà aliénés, en fraude de ses droits, et dont l'acheteur ne serait pas encore en possession. (Cass. 30 juin 1807.)

Au reste, l'action en séparation de biens est, en général, instruite de la même manière que toute autre action civile. Cependant l'aveu du mari ne saurait jamais faire preuve, attendu que les séparations volontaires sont prohibées.

Une fois le jugement prononcé, il doit être rendu public, 1° pour avertir d'une part les personnes qui ont droit d'attaquer le jugement, et d'autre part les tiers qui contracteraient à l'avenir avec le mari ou la femme ; 2° il doit être mis à exécution dans la quinzaine de la *prononcia-tion*, ou du moins des poursuites à fin d'exécution doivent être commencées dans le même délai. Aux termes de l'art. 1444, l'exécution doit consister dans le paiement réel des droits et reprises de la femme, effectué par acte authentique, jusqu'à concurrence des biens du mari. Remarquons que les poursuites commencées doivent être continuées sans interruption, et que si la femme néglige d'user du secours que la justice lui avait accordé, la loi pense avec raison que le péril de la dot n'est pas sérieux, et que la séparation a été concertée entre les époux pour frauder les créanciers. La déchéance que la femme encourt dans ce cas peut lui être opposée non-seulement par les créanciers, mais encore par le mari. (Arrêts du 19 févr. 1824 et du 9 déc. 1825, C d'Amiens.)

Mais quels sont les actes qu'on peut considérer comme un commencement d'exécution ? Contrairement à la doctrine de quelques auteurs qui pensent que la signification du jugement suffit pour ne pas encourir la nullité, nous dirons que cette signification ne saurait avoir le caractère d'une poursuite qu'autant qu'elle contiendrait un commandement. Nous pensons aussi que les poursuites seraient également commencées si la femme avait fait à l'amiable, avec son mari, constater la liquidation de ses reprises, alors même qu'un délai modéré serait accordé pour le paiement. Enfin, il pourrait arriver que le mari n'eût aucuns biens ; dans ce cas il suffira qu'elle fasse dresser dans la quinzaine un procès verbal de carence.

Après être venu au secours de la femme contre les dissipations de son mari, en lui accordant la séparation de biens, le législateur n'a pas voulu complètement abandonner les créanciers dont les droits auraient été gravement compromis par cet événement. Aussi l'art. 1447 dispose : Les créanciers du mari peuvent se pourvoir contre la séparation de biens prononcée, et même exécutée en fraude de leurs droits ; ils peuvent même intervenir dans l'instance sur la demande en séparation pour la contester.

Ils peuvent, en effet, prouver que les périls allégués par la femme ne sont pas sérieux, et qu'elle ne court point de risques pour ses droits et reprises, en un mot, que la séparation a été concertée entre les époux dans un but frauduleux. Le jugement de séparation a-t il été prononcé, sans que les créanciers soient intervenus dans l'instance, une voie leur est encore ouverte pour soutenir que la religion des juges a été surprise par un vain simulacre, et que la séparation a été faite en fraude de leurs droits : cette voie est celle de la tierce-opposition. Mais elle est renfermée dans le court délai d'un an, et cela pour de justes motifs. Le jugement a reçu une grande publicité ; l'extrait en reste exposé pendant une année. Ils sont censés avoir approuvé la séparation quand ils sont restés cette année dans l'inaction. Peut-on voir, en effet, dans l'exposition de l'extrait du jugement, autre chose qu'un appel fait aux créanciers, une mise en demeure de faire valoir leurs droits ? Toutefois, comme il est possible que le jugement de séparation contienne aussi la liquidation des droits et reprises de la femme, nous pensons que les créanciers qui n'auraient pas été à même de vérifier cette liquidation qu'ils prétendaient être frauduleuse, ne pourraient trouver d'obstacle contre leur action que dans la prescription ordinaire. Il ne faudrait pas voir dans le seul fait que la liquidation se trouve renfermée dans le jugement de séparation, une juste cause pour abréger les délais pendant lesquels on peut s'opposer à une liquidation frauduleuse. Les mesures de publicité requises par la loi, n'ont en vue que la séparation même, et sont complètement étrangères à la liquidation. Observons que l'art. 1447 s'applique aux créanciers du mari, soit que leurs droits soient actuels ou conditionnels, ainsi qu'à ceux de la femme.

De l'effet de la séparation de biens.

La séparation de biens est une protection accordée à la femme, contre son mari mauvais administrateur ; son principal effet est donc d'enlever à son mari dissipateur tous les droits excessifs qui lui compètent durant la communauté : ainsi il ne peut plus dès-lors comme auparavant, vendre, aliéner, hypothéquer sans le concours de sa femme, en un mot la

communauté est dissoute. A la question de savoir à partir de quel moment la dissolution a lieu, le dernier alinéa de l'art. 1445 nous répond ,
qu'elle commence à partir non pas du jugement qui prononce la séparation de biens , mais du jour de la demande.

Le législateur devait, en effet, veiller à ce que le secours qu'il accor-
dait à la femme ne devînt pas illusoire , et c'est ce qui serait arrivé , si
dans sa sage prévoyance il ne s'était expliqué sur ce point.

En effet, le mari déjà dissipateur , blessé de voir qu'on allait soustraire à ses prodigalités des biens dont il peut encore disposer , serait le
plus souvent, dans l'intervalle de la demande au jugement, devenu complètement insolvable, et aurait achevé de dissiper cè qui restait de biens
communs. A partir de la demande en séparation, le mari a donc perdu
et la femme repris, la jouissance et l'administration de ses biens propres,
elle a de plus le libre exercice de ses actions mobilières et de ses actions
immobilières possessoires. Tous les biens qu'elle acquiert à partir de ce
jour, à quelque titre que ce soit, lui sont exclusivement propres.

Remarquons toutefois, que pendant l'instance en séparation et jusqu'au
jugement définitif, le mari peut passer des baux concernant les biens
propres de son épouse. Ces baux seront respectés s'ils sont exempts de
fraude. Arrêt du 21 mai 1823, C. de Poitiers. En effet , l'administration
ne peut pas être suspendue pendant l'instance en séparation, on ne peut
pas non plus la confier à la femme, car il pourrait arriver que le jugement en séparation ne fût pas prononcé , attendu que les faits par elle
allégués pourraient ne pas être fondés ou bien que leur gravité fût telle
qu'elle ne serait pas suffisante pour faire craindre sérieusement pour la
dot. La femme n'a d'autre moyen que celui des mesures conservatoires.

La dot est constituée pour subvenir aux charges du mariage ; qu'arrivera-t-il donc lors de la séparation de biens dont l'effet est de dissoudre
la communauté, et par suite de permettre à la femme de reprendre sa
dot? Qui supportera les charges du ménage, car nous savons que quoique
la communauté soit dissoute, le mariage n'en existe pas moins? L'art.
1448 répond à cette question en déclarant que la femme qui a obtenu
la séparation de biens, doit contribuer proportionnellement à ses facultés

et à celles de son mari, tant aux frais du ménage , qu'à ceux d'éduca-
tion des enfants communs; elle doit supporter entièrement ces frais s'il
ne reste rien au mari , contrairement au cas où la séparation de biens
est contractuelle. La femme doit de plus verser sa part contributoire dans
les mains du mari , toutes les fois qu'il y a ménage commun , car c'est
contre lui que les fournisseurs auront recours. Mais il peut arriver que
la femme reste dispensatrice de sa part contributive , et c'est ce qui
arrivé, quand son mari est dépourvu de toutes ressources , et qu'elle
est obligée de pourvoir à tous les frais du ménage. Alors seulement
les fournisseurs doivent s'adresser à elle , car c'est sa foi qu'ils ont
suivie et non celle du mari.

Le législateur, en accordant à la femme la libre administration de ses
biens, n'a pas voulu la soustraire à l'autorité maritale ; ainsi la femme
séparée peut faire tous les actes relatifs à l'administration de ses biens ,
passer des baux, pourvu qu'ils n'excèdent pas neuf années, toucher ses
revenus, mais elle ne peut sans l'autorisation de son mari, ester en
justice, hypothéquer ses immeubles, surenchérir les biens sur lesquels
elle est inscrite. (Arrêt de cass. du 14 juin 1824.) Elle pourrait aliéner
ses immeubles sans le consentement du mari, pourvu qu'elle fût auto-
risée en justice à son refus.

Mais dans le cas de vente d'un immeuble appartenant à la femme ,
qui en touchera le prix ? Nous savons que sous le régime de la communauté, le prix d'un immeuble tombe dans la communauté , et
qu'il doit en être fait remploi par le mari; sinon à la dissolution
de cette société, la femme a le droit de prélever une somme re-
présentative de la valeur de cet immeuble, elle a même action sur les
biens propres du mari , qui ayant reçu les deniers, en est responsable.
Mais cette crainte que la vente du bien de l'épouse diminue ses valeurs
propres, n'a plus de raison d'être toutes les fois que la séparation est
prononcée. Il semblerait donc que le mari dût être déchargé de toute
responsabilité vis-à-vis de l'emploi ou du remploi du prix de l'immeuble
vendu. Car quel est le rôle vis-à-vis de la femme, une fois la communauté dissoute , si ce n'est celui de simple autorisant ? Cepndant l'art.
1450 le déclare responsable du défaut de remploi quand la vente du

propre de la femme séparée a été faite en sa présence et de son consentement. En effet, quel danger n'y aurait-il pas à laisser la femme dépourvue de garanties contre l'influence que le mari peut exercer sur elle ? La séparation de biens ne brise ni le lien, ni l'affection, ni l'autorité maritale, ni l'habitude de la soumission. La femme a eu un moment de fermeté pour demander sa séparation ; mais après avoir résisté à son mari dans cette épreuve, qui pourra croire qu'elle ne lui laissera pas reprendre peu à peu un empire plus fâcheux encore dans l'état de séparation que dans l'état de communauté ? Le sujet de crainte, c'est qu'ordinairement les aliénations des biens de la femme, même séparée, profitent au mari, qui directement ou indirectement en touche le prix ; il est juste qu'il soit obligé de veiller au remploi ; s'il ne le fait pas, il est censé avoir profité du prix : il en est responsable. Mais pour que le mari soit ainsi obligé, il faut que la vente ait été faite en sa présence et de son consentement ; car ce concours du mari prêté à l'aliénation fait supposer qu'il ne l'a accordé à sa femme qu'à la condition que le prix passerait entre ses mains. La simple autorisation donnée par le mari suffirait pour le rendre responsable, il ne serait pas cependant garant vis-à-vis de l'acheteur, de la vente de l'immeuble propre de la femme. Pour faire cesser cette responsabilité, le mari doit justifier d'un emploi ou d'un remploi, s'il a accordé l'autorisation de vendre, ou bien il doit refuser toute autorisation. Alors la femme est obligée de recourir à la justice, mais dans ce dernier cas il ne faudrait pas que le mari vienne concourir au contrat ; il serait tenu comme s'il avait donné lui-même l'autorisation.

La séparation de biens a été prononcée dans le but de sauvegarder les biens de la femme contre la mauvaise administration du mari ; il arrivera donc que toutes les fois que le danger aura cessé, la femme pourra proposer à son mari de revenir à l'état primitif. Si le mari accepte, la communauté sera rétablie. Mais un jugement a été nécessaire pour prononcer la séparation de biens ; comment donc s'effectuera le rétablissement de la communauté ? Le rétablissement des époux dans leur état normal est chose si favorable que l'on n'a pas exigé un jugement. La volonté des époux doit être certaine et manifeste. Ainsi, il faut que le

3

consentement soit constaté pardevant notaire et avec minute. Et cela a lieu, soit que la séparation de biens soit liée à une séparation de corps, soit qu'elle soit prononcée sans rien toucher à l'union des personnes. En outre cet acte doit être rendu public dans la forme indiquée par l'art. 1445. En effet, le rétablissement de la communauté intéresse tellement les tiers, qu'on a jugé indispensable de le faire dépendre, dans tous les cas, de publications solennelles. Enfin, le contrat de mariage étant immuable pendant l'association conjugale, la communauté doit être rétablie telle qu'elle était d'abord. Le rétablissement est donc nul s'il est fait avec des clauses modificatives.

Si toutes les conditions que nous venons d'indiquer ont été remplies, la communauté se trouve rétablie, et est censée, en ce qui concerne les époux, avoir duré sans discontinuation. Tout ce que les époux ont acquis, toutes les dettes qu'ils ont contractées ensemble ou séparément depuis la séparation, entrent donc dans la communauté ; toutefois, les actes intermédiaires faits par la femme ne laissent pas que de subsister. Ainsi toutes les aliénations à titre onéreux et mobilières, les baux de neuf ans qu'elle a consentis doivent être maintenus.

Il arrive très-souvent qu'on stipule dans un contrat de mariage que tel avantage appartiendra à l'époux qui survivra, et le plus souvent cette stipulation est faite en faveur de la femme. Ce sont ces libéralités conditionnelles qu'on appelle *gains de survie*. La dissolution de la communauté par la mort seule peut donner ouverture au gain de survie, à moins de convention contraire, car il arrivera peu souvent que les époux aient prévu les cas de séparation de corps et de séparation de biens, qui sont, à l'entrée du mariage, d'un si funeste augure.

Si la séparation de biens est la conséquence de la séparation de corps, l'époux qui s'est rendu coupable d'ingratitude par ses mauvais traitements, et contre lequel la séparation a été prononcée, perd ses avantages. Mais la femme séparée de biens peut-elle renoncer à ses droits ? Toullier, t. 13, nº 122, pense que si après la séparation elle fait avec son mari un traité à forfait ou aléatoire, par lequel elle renonce à ses droits de survie, moyennant un prix quelconque, ce traité est valide, et elle ne peut plus changer de volonté ; mais si elle ne fait que manifester, soit verbalement, soit par écrit, son intention de renoncer à ses droits, elle peut changer de volonté, parce qu'il n'y a aucun droit acquis en faveur de personne.

Observons, en terminant, que la femme, quoique n'ayant aucun droit à toucher ses avantages nuptiaux, tant que le mari n'est pas décédé, peut cependant prendre des mesures conservatoires.

§ 3. *Influence de l'absence sur la dissolution de la communauté.*

On appelle absence l'état d'un individu sur l'existence duquel il s'élève des doutes. Il y a même une certaine période de temps après lequel l'absent est présumé mort, et cependant le mariage n'est pas dissous. Son conjoint ne peut pas se remarier sans encourir la peine du bigame. Mais, par une anomalie singulière, le contrat accessoire, la convention qui réglemente les intérêts pécuniaires des époux se dissout. Tel est du moins le principe. Ainsi, dans le cas où les époux sont mariés sous le régime de la communauté, ils ont le droit d'option entre la dissolution ou la continuation de la communauté. Tandis que sous le régime dotal, au contraire, par une bizarrerie et une inconséquence inexplicables, le contrat qui réglemente les intérêts des époux se trouve anéanti, les tiers intéressés peuvent obtenir l'envoi en possession provisoire, sans que le conjoint puisse s'y opposer. Et de cette manière il se trouve déçu dans ses plus légitimes espérances : il voit passer dans des mains étrangères les biens dont la loi lui donnait les revenus et la jouissance ; car si son conjoint n'était pas absent, les revenus de ces biens contribueraient aux charges du ménage, il en jouirait donc ; cette jouissance serait en quelque sorte une compensation à la privation qu'il éprouve de ce qu'il a peut-être de plus cher au monde, et à l'obligation de rester soumis aux liens du mariage. Mais, comme nous l'avons dit plus haut, par une inconséquence rare, le mariage qui subsiste vis-à-vis de lui se trouve anéanti en quelque sorte vis-à-vis des tiers-intéressés.

Du droit d'option pour les époux mariés sous le régime de la communauté.

Une fois l'absence déclarée, l'époux présent est maître de continuer ou de dissoudre à son gré la communauté. C'est au Premier Consul qu'est due cette idée pleine de sagesse. Il représenta qu'il fallait pourvoir à ce que la femme « ne fût pas arrachée de la maison de son mari ; enlevée à ses habitudes et à ses affections pour l'intérêt des collatéraux ; qu'elle ne saurait être à la fois mariée et non mariée ; qu'il ne doit pas être au pouvoir des héritiers de son mari de lui enlever son état si elle veut le conserver. Le sort de la femme serait trop affligeant si l'absence de son mari lui faisait perdre les avantages de leur union. » L'époux commun en biens peut donc paralyser les droits de tous ceux qui sont intéressés à la dissolution ; il leur est préférable. Et, en effet, nous le répétons, l'absence ne dissout pas le mariage ; il est même interdit à l'époux présent de se remarier. Il était donc juste de lui laisser l'administration des biens. Au reste on évite de cette manière le morcellement des biens de l'absent. Et à ceux qui prétendent qu'on s'expose à de graves dangers en confiant l'administration de la communauté à la femme, nous répondrons que l'obligation où elle est de faire inventaire est une sûre garantie qu'elle ne dilapidera pas les biens qui lui sont abandonnés.

Remarquons néanmoins que l'option n'est pas une obligation imposée à l'époux survivant ; c'est un bénéfice auquel il peut renoncer. Quand il opte pour la continuation, l'époux n'a pas besoin de se faire mettre en possession par justice ; il devient administrateur légal des biens de l'absent. Dans ce cas, il prend, en outre, ou conserve l'administration, suivant que c'est la femme ou le mari qui est absent.

Il ne faudrait pas croire que la femme, dans le cas où elle opte pour la continuation de la communauté, puisse faire tous les actes que faisait son mari ; elle ne joue que le rôle d'administrateur ordinaire. Au reste l'option qu'elle a faite ne la lie nullement, elle peut encore renoncer, et alors elle exerce ses reprises et tous ses droits légaux et conventionnels, à charge de donner caution pour les choses susceptibles de restitution. Disons en terminant, que la communauté se dissout définitivement, si l'absence a duré trente ans depuis l'époque à laquelle l'époux commun a pris l'administration des biens de l'absent.

QUESTIONS.

I. La signification seule du jugement est-elle un de ces actes de poursuite qui soit de nature à satisfaire au vœu de l'art. 1444? — Non.

II. La femme séparée de biens peut-elle sans autorisation placer ses capitaux à rente viagère? — Oui.

III. La femme séparée de biens mariée sous le régime dotal, est-elle tenue de faire emploi des capitaux qu'elle reçoit? — Non.

Procédure Civile.

Des exceptions en général. — De la caution à fournir par les étrangers.

Livre. II. Titre. IX.

Le nom d'*exception* a été emprunté par la procédure française au système formulaire des Romains ; mais il ne faudrait pas croire pourtant qu'il ait été transporté dans notre Droit, avec le même sens , avec la même acception. En Droit Romain , on appelle exceptions certaines restrictions que le préteur introduisait à la suite de la formule pour faire pénétrer l'équité et le progrès dans le droit immuable des anciens Romains. En Droit Français , au contraire , quand on parle d'exceptions , on veut désigner les divers moyens préjudiciels que le défendeur peut invoquer pour se dispenser de répondre immédiatement à l'objet de la demande. Aussi ne faudrait-il pas confondre l'exception avec la défense , moyen qu'on emploie pour repousser la demande quant au fond. L'exception n'est qu'une espèce de défense, et c'est abusivement qu'on dit dans la pratique qu'un débiteur a opposé à son créancier une exception de paiement, ou de prescription ; car celui qui soutient avoir payé ou prescrit, discute le mérite de la demande et ne se borne pas à opposer une exception. Remarquons en outre, que quand même il y ait eu une ou plusieurs exceptions opposées, le demandeur peut plus tard renouveler sa demande, ce qui ne saurait jamais être si, au lieu d'opposer une exception, l'adversaire avait défendu au fond.

On distinguait autrefois les *déclinatoires*, qui étaient des exceptions d'incompétence, les exceptions dilatoires, les exceptions péremptoires qu'on divisait en péremptoires quant à la forme, et péremptoires quant au fond.

Cette division est inapplicable aujourd'hui, car si l'on trouve dans le C. Pro., les exceptions dilatoires, elles n'ont aucun rapport avec celles des Romains, et on ne les oppose pas, comme quelques auteurs, aux exceptions péremptoires.

On ne reconnaît pas non plus, aujourd'hui, les *fins de non procéder*, exceptions tendant à décliner la juridiction du juge devant lequel on est assigné ; les *fins de non valoir*, exceptions prises du défaut de qualité du demandeur pour la demande qu'il a intentée ; les *fins de non recevoir*, exceptions prises de la qualité de la demande.

Nous ne nous occuperons ici que d'une seule des exceptions admises par le Code de Procédure civile ; c'est de la caution à fournir par les étrangers que nous voulons parler.

De la caution à fournir par les étrangers.

Nous savons que l'art. 15 du Cod. Nap. dispose : que tout Français pourra être poursuivi devant les tribunaux français par un étranger, pour des obligations contractées en pays étranger, même avec un étranger, Ce n'est là, au reste, qu'une application de la règle générale : *Actor sequitur forum rei*. C'est un principe du droit des gens qui se justifie de lui-même ; mais s'il est vrai que le législateur n'eût pu, sans iniquité, refuser l'appui de l'autorité judiciaire aux justes réclamations qu'un étranger peut élever contre un Français, il n'est pas moins évident qu'il ne devait pas abandonner ces derniers, et leur refuser de les protéger contre les suites de demandes témérairement intentées par des étrangers qui auraient toujours eu dans la fuite un moyen facile de se soustraire au paiement des frais du procès, des avances et des condamnations prononcées contre eux ; c'est sur cette considération qu'est fondée la disposition de l'art. 16, qui oblige tout étranger demandeur à fournir caution pour le paiement des frais résultant du procès.

Nous trouvons la sanction de cette disposition dans les art. 166 et 167. C. P. C. Ainsi, toutes les fois que l'étranger demandeur n'aura pas fourni caution, le défendeur français pourra repousser sa demande au moyen d'une exception. Remarquons que le tribunal ne pourrait imposer d'office l'obligation de fournir la caution *judicatum solvi*, si le défendeur ne la réclamait pas.

Dans quel cas l'étranger est obligé de fournir caution.

Nous lisons dans l'art. 166 : «Tous étrangers, demandeurs principaux ou intervenants, seront tenus, si le défendeur le requiert, avant toute exception, de fournir caution, de payer les frais et dommages-intérêts auxquels ils pourraient être condamnés.» Toutes les fois donc qu'un étranger intentera une action devant un tribunal français, il sera tenu de fournir caution, et cela sans qu'on soit obligé de faire aucune distinction de rang ou de qualité. Mais qu'arrivera-t-il dans le cas où l'étranger sera simple défendeur? Il est évident qu'on ne pourra pas exiger de lui caution ; sans quoi, s'il était hors d'état de la fournir, il serait nécessairement condamné, et condamné sans qu'on voulût l'entendre.

L'étranger défendeur qui interjetterait appel du jugement rendu contre lui ne serait pas soumis à l'obligation de donner caution, car en appelant il ne change pas son rôle, il ne fait que continuer de se défendre ; par suite du même principe, l'étranger demandeur en première instance devrait caution au Français qui appellerait du jugement ; vainement alléguerait-il que les premiers juges ont créé en faveur de sa demande une présomption de vérité, qu'une instance provoquée contre son gré, ne peut le grever d'une nouvelle obligation ; la loi française ayant mis à la disposition des justiciables deux degrés de juridiction, le Français qui appelle ne forme pas une demande, il use d'une dernière ressource que lui donne la loi pour faire constater son droit.

Nous avons jusqu'ici supposé un défendeur Français, qu'arrivera-t-il, si les deux parties étaient étrangères, si un étranger assignait un autre étranger devant les tribunaux Français ? Les textes précités relatifs au demandeur *étranger* sont muets sur la qualité du défendeur ; nous en concluons avec la plupart des auteurs, que tout défendeur, même étranger, pourra requérir caution. En effet, il ne faudrait pas voir dans le droit d'exiger caution, une faveur, un privilége national, mais une mesure de sûreté jugée nécessaire par la loi, et en outre, lorsque la justice donne accès auprès d'elle à des plaideurs étrangers, il y va de sa dignité de ne pas leur refuser les garanties dont elle entourerait dans le même cas les Français.

Mais ne doit-il pas être fait certaines exceptions au droit de demander la caution ?

Le législateur nous répond en nous disant dans l'art. 13 du Cod. Nap., que tout étranger demandeur, admis par la loi à fixer son domicile en France, y jouira de tous les droits civils tant qu'il continuera d'y résider; il ne sera donc pas tenu de fournir caution. Cette caution n'est pas requise en matière commerciale ; la célérité qu'exigent les opérations de commerce, la nécessité de conserver intacts la confiance et le crédit, justifient cette disposition. On ne pourra pas non plus demander caution lorsque des traités seront intervenus à cet égard entre la France et la nation à laquelle appartient l'étranger demandeur. Il est encore plusieurs cas où l'étranger cesse d'être tenu de fournir caution, parce qu'il offre à son adversaire des garanties équivalentes : c'est ainsi qu'aux termes de l'art. 167 du Cod. de Proc., il est libéré de son obligation en consignant la somme à laquelle le tribunal aura évalué les frais du procès. Enfin l'étranger pourra satisfaire aux exigences de la loi en justifiant que ses immeubles situés en France, suffisent pour répondre de la somme fixée par le jugement.

De l'étendue de l'obligation de fournir caution.

Le chiffre du cautionnement est laissé à l'appréciation des juges ; ce sont eux qui doivent le déterminer, mais ils ne créent pas l'obligation de le fournir qui dérive uniquement de la loi. Aux termes de l'art. 167, le tribunal doit évaluer les frais et les dommages intérêts dont la caution doit garantir le paiement : le défendeur pourra cependant si cette estimation se trouve insuffisante, demander dans le cours de l'instance que le chiffre en soit augmenté, en prouvant que les avances qu'il a été obligé de faire excèdent déjà le montant du cautionnement.

Pourquoi l'erreur du jugement serait-elle sans remède ? Le demandeur lui-même a intérêt à ce qu'elle puisse être réparée, car sans cette facilité, il serait à craindre que les juges ne fussent portés à exagérer beaucoup l'importance des frais.

La caution doit aussi fournir le paiement des dommages intérêts qui seraient dus pour le préjudice causé par le procès ; mais il ne faudrait pas croire qu'il en fût de même de ceux réclamés reconventionnellement par le défendeur pour un fait antérieur au procès.

Quand la caution doit-elle être demandée ?

Puisque la caution *judicatum solvi* est demandée pour garantir le remboursement des frais et avances faites par le défendeur au cas où l'étranger viendrait à succomber dans sa demande ; de plus comme elle est demandée sous forme d'exception, elle doit l'être *in limine litis*. Mais, qu'arrivera-t-il s'il y a appel du jugement ? Dans ce cas une nouvelle instance commence pour laquelle le défendeur reprend ses droits ; nous pensons donc qu'il pourrait exiger du demandeur un supplément de caution pour les nouveaux frais qui vont être faits, et même proposer pour la première fois l'exception, lorsqu'on aura négligé de la demander en première instance.

Mais quel est le rang de l'exception de la caution *judicatum solvi*, par rapport aux autres exceptions ? Cette question a donné lieu à de graves difficultés ; aussi les auteurs sont-ils loin de s'entendre sur les moyens de la résoudre. Quant à nous, nous pensons avec M. Rodière que ces exceptions qui sont d'un ordre différent, ne se couvrent pas l'une par l'autre ; qu'ainsi l'exception d'incompétence ou de nullité n'empêche pas que l'on ne puisse exiger plus tard la caution de l'étranger, et qu'à l'inverse la demande de la caution n'empêche pas d'opposer ensuite l'exception d'incompétence ou de nullité, à moins qu'il n'apparaisse clairement que le défendeur a demandé la fixation du chiffre de la caution d'après les frais ou dommages intérêts auxquels le procès pourra donner lieu sur le fond, auquel cas il aurait implicitement reconnu la compétence du tribunal, et couvert la nullité de l'exploit.

POSITIONS.

I. L'étranger qui poursuit contre un Français l'exécution d'un titre paré et exécutoire, est-il tenu de fournir la caution *judicatum solvi* ?

II. Le simple usufruitier peut-il, comme possesseur d'immeubles, réclamer le bénéfice de la dispense de caution ?

Droit Criminel.

De la complicité.

Il peut arriver, et c'est même ce qui arrive le plus souvent, que lorsqu'un crime ou délit a été commis, plusieurs personnes tombent sous le poids de la même accusation. Toutes ces personnes peuvent avoir participé à l'exécution de ce délit. Mais y ont-elles toutes concouru de la même manière, c'est ce qu'il importe beaucoup de savoir, c'est ce que nous nous bornerons à examiner ici. Et cela, nous le ferons en caractérisant les rôles divers des délinquants, en déterminant la part de chacun dans la perpétration de l'acte, en employant pour les distinguer les expressions d'*auteur* et de *complice*. Les *auteurs* sont ceux qui ont accompli les faits qui constituent l'exécution du délit. Les *complices* dans un sens spécial et restreint, sont ceux qui ont intentionnellement participé à un délit par des faits déterminés qui n'en constituent pas l'exécution, mais à raison desquels la perpétration de l'acte, ou une adhésion à l'acte peut leur être imputée.

Ainsi, il ne faudrait pas croire qu'il y a complicité dans le sens exact du mot, toutes les fois qu'il y a concours, réunion de plusieurs personnes, de plusieurs volontés pour l'accomplissement d'un acte coupable. En un mot, la pluralité d'auteurs n'entraine pas, ne nécessite pas la complicité. Deux individus, par exemple, unis ensemble, ont pénétré dans une maison habitée, ils y ont brisé un secrétaire ; ils y ont volé ensemble. Seront-ils complices l'un de l'autre ? Il est clair qu'on ne saurait juger ainsi : ils sont tous les deux voleurs, tous les deux sont co-délinquants. La complicité, il est vrai, suppose bien une participation au délit accompli, mais une participation détournée, indirecte seulement. Quand donc des actes indirects et détournés seront-ils punis comme constituant la complicité ? Les art. 60 et 62 viennent répondre à cette question.

Disons d'abord que pour qu'il y ait complicité, un fait incriminé doit avoir été exécuté : point de complicité sans un acte principal qui soit punissable et qui constitue un délit ou un crime consommé, ou au moins une tentative caractérisée. Il faut que l'existence du fait principal puisse être imputée au complice, c'est-à-dire que son concours soit une des causes qui ont amené la perpétration du délit. En outre le fait particulier émanant du complice doit être du nombre de ceux que la loi détermine et considère comme constitutif de la complicité. Il faut encore que le complice en exécutant ce fait, ait agi intentionnellement en vue du délit auquel il se réfère. Des faits moraux et des faits purement matériels, peuvent donc constituer la complicité. Remarquons que parmi les circonstances nombreuses qui constituent la complicité, nous pouvons compter trois espèces d'actes bien distincts. La complicité peut résulter tantôt d'actes antérieurs au crime ou délit accompli, tantôt d'actes simultanés, concomitants. Elle peut résulter encore d'actes postérieurs. Nous parlerons successivement de chacune de ces sortes de complicité.

I. *Complicité par les faits antérieurs au délit.*

Nous trouvons ces faits consignés dans l'art. 60 avec ceux qui sont contemporains au délit. Ainsi, nous y voyons que toute personne qui par

dons, promesses, menaces, abus d'autorité ou de pouvoir, machina-
tions ou artifices coupables, a provoqué à une action qualifiée crime ou
délit ou aura donné des instructions pour la commettre, sera punie
comme complice de cette action. Nous devons observer cependant que
dans tous ces cas, la provocation doit avoir amené la perpétration de
l'acte en vertu duquel elle a eu lieu pour être constitutive de la complicité. Elle ne saurait jamais constituer qu'un délit spécial, si elle n'a-
vait pas été suivie des faits. Sont encore réputés complices aux termes
des derniers paragraphes de l'art. 60, ceux qui auront procuré des armes,
des instruments ou tout autre moyen qui a servi à l'action, sachant
qu'il devait lui servir. Il est clair, en effet, qui si j'ai prêté une arme
ou un instrument pour un usage légitime, ou dans un but que j'ignorais,
je ne puis être responsable des actes coupables commis ensuite par celui
qui l'a reçu. Mais de quelle nature est la connaissance nécessaire pour
entraîner la complicité ? D'après la jurisprudence qui paraît conforme à
l'esprit de la loi, la simple connaissance du fait primitif rend le complice responsable de tous les actes accessoires, qui même à son insu
aggravent le fait.

II. *Complicité par des faits concomitants au délit.*

L'art. 60 nous fournit un cas de ce genre de complicité. Nous y lisons,
en effet, que tout individu qui aura aidé ou assisté sciemment les auteurs de l'action par des faits qui en ont facilité l'exécution, sont également réputés complices.

La condition essentielle de cette complicité est que l'accusé ait agi
avec connaissance; sans cette circonstance, la complicité par aide et assistance, ne constitue ni crime, ni délit, et n'est pas, par conséquent, punissable. Le plus souvent, les actes d'assistance constituent celui dont ils
émanent coauteur plutôt que complice du crime.

L'assistance peut même devenir une circonstance aggravante, par
exemple, dans les cas de vol, de contrebande ; mais ce n'est qu'autant
que l'auteur de cette assistance est déclaré coauteur du fait.

L'art. 61 C. P. nous dit aussi, que ceux qui , *connaissant* la conduite criminelle des malfaiteurs exerçant des brigandages ou des violences contre la sûreté de l'Etat, la paix publique, les personnes ou la propriété, leur fournissant *habituellement* logement, lieu de retraite ou de réunion , seront punis comme leurs complices. Trois éléments concourent à constituer ce genre de complicité: 1o la connaissance de la conduite criminelle des malfaiteurs ; 2o le logement ou lieu de retraite fourni ; 3a l'habitude de le fournir. Il est évident que l'absence de l'une de ces conditions fait disparaître l'incrimination de l'art. 61.

Il n'y aurait pas de crime non plus , si le logement ou le lieu de réunion n'avaient pas été fournis volontairement. Il en serait de même du cas où celui qui donnait asile à des malfaiteurs ne faisait que soupçonner leur conduite.

III. *Complicité par des faits postérieurs à la perpétration du délit.*

Ces faits se trouvent énumérés dans l'art. 62 qui dispose :

«Ceux qui sciemment auront recélé en tout ou en partie, des choses enlevées, détournées, ou obtenues à l'aide d'un crime ou d'un délit , seront aussi punis comme complices de ce crime ou de ce délit. L'élément essentiel et constitutif de ce genre de complicité est la connaissance par l'accusé , que les objets recélés proviennent d'un crime. Aussi le recéleur ne peut-il être puni comme complice de ce crime qu'autant qu'il est constaté, qu'il avait cette connaissance. Outre les choses, le recélé peut avoir également pour objet les personnes, et dans certains cas, formellement prévus par la loi, constituer un fait condamnable. Ce ne sont plus alors des actes de complicité d'un crime ou délit principal frappés de la même peine, que celle prononcée contre celui-ci, mais des crimes ou délits distincts dont les auteurs encourent une peine spéciale. Celui qui a recélé par exemple , ou caché le cadavre d'une personne homicidée ou morte des suites de coups ou blessures, encourt des peines très graves.

Des peines applicables aux complices.

La peine établie par la loi pour la répression du délit est également applicable à tous ceux auxquels l'acte est imputable , comme auteur ou complice, en tenant compte cependant des circonstances aggravantes ou atténuantes, personnelles à chacun des coupables. La peine de mort n'est jamais encourue par le recéleur.

Il n'est passible des peines afflictives perpétuelles , qu'autant qu'il est convaincu, d'avoir eu, au temps du recélé, connaissance des circonstances auxquelles la loi rattache ces peines ou celle de la mort. Toutes les fois qu'il les ignore, il ne saurait être puni que des travaux forcés à temps. Hors de ces cas, le recéleur assume toutes les circonstances aggravantes qui se rattachent éventuellement au fait principal , et subit l'aggravation de la peine qu'elles amènent, sans qu'il soit nécessaire d'établir qu'il les ait connues.

Il suffit pour punir le complice, qu'il ait participé à un fait punissable, sans qu'il soit nécessaire que les auteurs principaux soient punis. Aussi la mort de l'auteur principal n'empêche pas la poursuite du complice; l'excuse justificative admise à l'égard de l'auteur principal ne met pas obstacle à la punition du complice. Observons en terminant que la complicité peut se rattacher à une simple tentative réunissant les conditions de l'art. 2 C. P., mais il ne peut pas y avoir de tentative de complicité punissable.

POSITIONS.

Quid si le provocateur a révoqué l'ordre, et si le mandataire a exécuté le délit?

Faut-il pour qu'il y ait recélé punissable, que le dol du recéleur existe au moment même de la réception, ou suffit-il qu'il survienne après?

La complicité par aide ou assistance, peut-elle résulter de l'inaction de celui, qui, pouvant empêcher le délit, le laisse commettre avec intention?

Cette Thèse sera soutenue, en séance publique, dans une des salles de la Faculté, le 1er août 1859.

Vu par le Président de la Thèse,

G. BRESSOLLES.

Toulouse, Imprimerie Troyes Ouvriers Réunis, rue Saint-Pantaléon, 3.

www.ingramcontent.com/pod-product-compliance
Ingram Content Group UK Ltd.
Pitfield, Milton Keynes, MK11 3LW, UK
UKHW020052080726
13614UKWH00004B/1985